Alle Welt wi

2016

Copyright: Sibylle Walter

Fotos: Herbert Walter

Alle Rechte vorbehalten, insbesondere das Recht der mechanischen, elektronischen oder fotografischen Vervielfältigungen, der Einspeicherung und Verarbeitung in elektronischen Systemen, des Nachdrucks in Zeitschriften, des öffentlichen Vortrages, der Verfilmung oder Dramatisierung, der Übertragung durch Rundfunk, Fernsehen oder Video, auch einzelner Text- und Bildteile, sowie die Übersetzung in andere Sprachen.

Alle Welt will nach **Cuba**

Wir also auch…

Ende Februar ging es los, von dem nasskalten norddeutschen Schmuddelwetter verabschiedeten wir uns gern. Von Winter keine Spur, und der Frühling war noch lange nicht in Sicht.
Wir flogen von Hamburg über Frankfurt nach Havanna! Dachten wir jedenfalls.
Ein Abflug mit Hindernissen…
Nachdem wir fürchterlich rechtzeitig um halb sechs auf dem Flughafen waren, verzögerte sich unser Abflug mit der Lufthansa wegen eines Defekts um zwei Stunden. Irgendwie ja schön, wenn es auf dem Boden festgestellt wird.
Jetzt flogen wir auf Kulanz der Lufthansa nach Toronto, dann mit Air Canada nach Havanna, gegen Mittag noch und sollten dann irgendwann abends ankommen.
Man soll Cuba ja auch als Erlebnisreise verstehen, darauf einen Latte Macchiato!
Aber irgendwie schien der Wurm drin zu sein, das vierte Notbremssystem war im Cockpit nicht zu sehen, also kam auch hier wieder ein Techniker und wir warteten mal wieder ein Stündchen…
In Toronto kamen wir nun auch mit Verspätung an, das allerdings machte gar nichts, da der Weiterflug nach Havanna sich um weitere fünf Stunden verspätete, weil wieder eine Maschine defekt war und Ersatz geholt werden musste

Nach gut 28 wachen Stunden kamen wir müde in Havanna an – mit unseren Koffern!, und wurden von unserem Guide Jorge und unserem Fahrer Edel abgeholt. Sie gefielen uns auf Anhieb, was uns sofort von der vorherigen Sorge befreite, wie um Himmelswillen man mit zwei Leuten umgehen sollte, die einem eventuell nicht lagen.

Sie brachten uns schnell in unser Hotel, und wir verabredeten uns zum Mittagessen statt uns, wie eigentlich geplant, um neun Uhr zu treffen. Jetzt war es fünf Uhr morgens lokaler Zeit. Ich nahm noch kurz ein angenehm großes Zimmer mit warmen Farben und sehr hoher Decke wahr, bevor ich in einen komatösen Schlaf fiel, der nur vier Stunden dauerte, aber immerhin tief war.

Wir tauschten zuerst an der Rezeption Euro in CUC ein, der Währung für Ausländer. Die Cubaner selbst nutzen CUP, man arbeitet hier also noch mit zwei Währungssystemen. Eigentlich hätte 2015 damit Schluss sein sollen. Der Euro Umtausch erfolgt problemlos, für den US Dollar Tausch muss man Gebühren zahlen.

Das Hostal Valencia, im 18. Jh. im Kolonialstil gebaut, lag sehr zentral. Duschwasser war ausreichend vorhanden, ja, und auch ein Kühlschrank stand einzeln im Zimmer. Die Toilettenbrille war nicht existent, aber es war alles sauber. Mir gefiel besonders der mit Pflanzen zugewachsene sehr schön gestaltete Innenhof. Das Personal war freundlich und das Frühstück völlig in Ordnung abgesehen von dem fehlenden Tee. Das war wohl nur für uns als Teetrinker wichtig, aber auf Drängen meines Mannes hin hatte ich vorgesorgt. Wir hatten auch den Rat von Freunden befolgt, Kugelschreiber, Duschmittel und Parfümproben mitzunehmen. Eigentlich war mir das etwas peinlich, so etwas als Dankeschön hin zu legen, aber der überströmende Dankesbrief des Zimmermädchens belehrte mich dann eines Besseren. Wir wurden während unseres dreitägigen Aufenthalts in Havanna von ihr bestens versorgt. Auch die Bitte einer älteren Frau nach Körperpflegeprodukten, die sie mit Zeichensprache vermittelte, machte mir klar, dass ich mit meiner Annahme wohl falsch gelegen hatte.

Durch unser frühes Aufstehen hatten wir nun Gelegenheit, auf eigene Faust die nähere Umgebung zu erkunden. Als erstes hoben wir in einer Bank noch mehr Geld ab, denn wir hatten nicht extrem viel mit genommen, weil wir nicht gern mit großen Mengen an Bargeld reisen. Das war übrigens kein Problem mit Reisepass und Visacard. Ein Sicherheitsbeamter wachte nur darüber, dass man sich der Reihe nach anstellte.

Auf unserem Weg sahen wir viele Prachtbauten, aber auch viel maroden Charme, konnten in lauschige Innenhöfe blicken und kamen an einer Gruppe junger Friseure vorbei, die uns einen kostenlosen Haarschnitt anboten. Das machten sie im Rahmen ihrer Ausbildung, wie uns eine ältere Friseurin erklärte, die wohl meine erstaunte Miene richtig gedeutet hatte.

„Sie schneiden alle gut, wagen Sie es doch!", lud sie mich freundlich ein. Ich lehnte trotzdem dankend ab, hatte aber durchaus den Eindruck, dass es allen Beteiligten sehr gefiel.

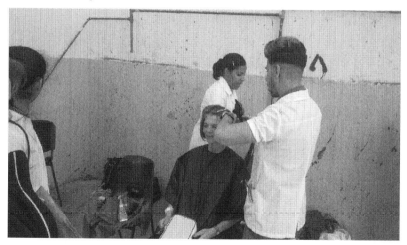

Ständig lächelten uns farbenfreudig und sehr körperbetont gekleidete freundliche Menschen an. Wir ließen uns durch die Menge treiben, und ich erhandelte gleich ein erstes Mitbringsel.

Wir kamen zum Plaza de San Francisco mit einem interessanten Löwenbrunnen und dem Kloster San Francisco de Asis. Inzwischen konnten wir gut eine kleine Pause brauchen und setzten uns draußen ins sehr bekannte Café Oriente, um die Umgebung und das Flair des Platzes auf uns einwirken zu lassen.
Natürlich spielte auch eine Gruppe Straßenmusiker bekannte Melodien. Dazu der blaue Himmel, die angenehme Wärme von knapp über 20 Grad – wir waren begeistert.

Jorge und Edel holten uns pünktlich ab und brachten uns vorbei an etlichen Prachtbauten zum Mittagessen ins Restaurant California, das auch von Tripadvisor empfohlen wird. Wir waren angenehm überrascht von unserem Menü sowie von der Atmosphäre, die auch hier u.a. wieder von vielen Pflanzen bestimmt wurde.

Den bestellten Kaffee zum Nachtisch konnten wir dann allerdings nicht mehr genießen, weil Stromausfall war. Cuba eben. Das störte uns nicht weiter, es war ja Tag und kein Licht nötig. Aber wir waren froh, dass wir für Notfälle eine Taschenlampe mit hatten.

Inzwischen hatten wir auch den Wagen richtig gewürdigt, mit dem uns Edel auf der Rundreise fahren würde, ein richtig bequemes, großes chinesisches Auto. Ein Emgrand, was mir persönlich so nichts sagte, aber meinem Mann. Der Wagen war ziemlich neu mit hellen weichen Ledersitzen, auf die Edel besonders stolz war. (Mein Mann konnte sich übrigens seinen Namen nur sehr schwer merken. Ich gab ihm die Eselsbrücke: Edel, hilfreich und gut, und er hatte in den frühen schlaftrunkenen Morgenstunden immer gerätselt: gut und billig? Herrlich!)

Edel sprach nur wenig Englisch, aber da wir auch etwas Spanisch verstehen, konnten wir uns ausreichend verständigen. Jorges Deutsch war gut, so dass wir bestens versorgt waren.

Nach dem Essen gingen wir zum Malecóm, der berühmten Promenade am Atlantik. Die Wellen brachen sich heftig an der Betonmauer und der leichte Wind erfrischte angenehm. Jorge erzählte von Nationalhelden und berühmten Architekten. Er wies uns auf ein Haus hin mit dreizehn Balkonen, das ein Architekt zum Andenken an seine mit 13 Jahren verstorbene Tochter errichtet hatte. Am Plaza de Armas zeigte er uns die Statue des ersten cubanischen Präsidenten Céspedes, der sich als Vater der Cubaner einen Namen machte und im zehnjährigen Bürgerkrieg auf die Freilassung seines jungen Sohnes mit den Worten: Ich bin der Vater aller Cubaner! verzichtete. Hoffentlich war die Mutter des 15 jährigen ähnlich gesinnt.

Dann holte uns José in seinem wunderschön pinkfarbenen Straßenkreuzer ab zu einer zweistündigen Stadtrundfahrt. Es war ein Ford, Baujahr 1957 mit weißen Sitzen, sehr chic! Er passte übrigens perfekt zu meinen pinkfarbenen Accessoires. José schaukelte uns stolz durch das alte Havanna und ließ gelegentlich seine Hupe ertönen. Sie spielte die Melodie von La Cucaracha! Sehr laut zur Freude aller Passanten.

Wir hielten am Platz der Revolution, auf dem Fidel Castro einst eine sechzehnstündige Rede gehalten hatte – ohne auch nur einen Schluck Wasser zu trinken – wie Jorge uns bedeutungsschwer mitteilte. Ich fragte mich, ob die Zuhörer wohl freiwillig dabei gestanden hatten? Sechzehn Stunden!

Jorge zeigte uns die Plaza Central, die Plaza Vieja und die Plaza de La Catedral, seine Erklärungen dazu und zu den jeweiligen Statuen und Denkmälern wie z.b. von José Marti, dem geistigen Führer der Unabhängigkeit Kubas, waren anschaulich, so dass uns die schiere Fülle der Informationen nicht erschlug.
Anschließend brachte Jorge uns in die Bar Florida, die wegen der Andenken an Hemingway völlig überfüllt war. Wir schauten nur kurz hinein und hätten uns nur mühsam an einen Tisch quetschen können. Dazu hatten wir keine Lust und gingen stattdessen ins Haus der Schokolade und tranken eine Abschiedsschokolade mit Jorge. Die könnte ich jetzt nicht empfehlen, sie war wässrig, da habe ich schon weit bessere getrunken, aber das Haus selbst war interessant, und man konnte die Herstellung der Schokolade mit ansehen.

Nach einer Ruhepause im Hotel aßen wir im Paladar Mercadores. Wir hatten es reservieren lassen, ansonsten hätten wir keinen Platz gefunden. Das Essen war gut, das Ambiente auch, aber die Musiker, die dazu aufspielten, waren so extrem laut, dass wir uns nur knapp unterhalten konnten.
Vielleicht störte es auch nur mich wegen meiner großen Müdigkeit, denn alles klatschte, während ich immer nur für die Ruhepausen dankbar war.

27.2.

Wir schliefen dann auch hervorragend, die Geräusche, die von der Straße sicher zu hören waren, wurden uns erst am Morgen bewusst. Als Frühaufsteher machte uns das nicht das Geringste aus.

Diesmal wurden wir auch beim Frühstück nicht von dem wirklich ohrenbetäubenden Geräusch des Wassertanks gestört, der jeden Morgen das frische Wasser ins Hotel leitete. Es gibt nämlich in der Altstadt von Havanna keine vernünftigen Wasserleitungen und das Hotel ist darauf angewiesen, täglich Wasser zu tanken. Wir versuchten in mehreren Hotels, WiFi Karten zu erhalten, doch wie vieles hier, hatten sie gerade keine und wir verzichteten vorerst auf online Verbindungen.

Jorge und Edel holten uns gegen halb elf ab, auch ein Vorteil, wenn man nicht mit einer großen Reisegruppe unterwegs ist. Grässliche Uhrzeiten wie halb sieben oder acht bleiben uns erspart.
Wir besuchten ein Sozialprojekt, in dem sich sozial schwächere Cubaner treffen, um zusammen zu lernen und gemeinschaftlich Aktivitäten in Eigeninitiative zu organisieren.

„La Calle de Hamel" hieß das Projekt und der Künstler, dessen Bilder das ganze große Häuserviertel beherrschten, Salvador Gonzales Escalona. Hier lernten wir Señora Gladis kennen, eine ältere Dame mit sehr viel Charisma, die uns das Projekt nahe brachte und mit sehr viel Energie auf Jorge einredete, damit er es auch ja richtig rüber brachte. Wir verstanden aber auch so vieles. Sie holten die Jugendlichen von der Straße und versuchten, ihnen ein Gemeinschaftsgefühl zu geben, außerdem sollten sie gemeinsam lernen.

Nach der Revolution hatte die Kirche im atheistischen Cuba keine Basis mehr, Kirchen wurden geschlossen, und viele Priester verließen das Land.

Aber in den 1990ern, als es sehr vielen Menschen wirtschaftlich immer schlechter ging, wandten sich viele wieder ihren verschiedenen Religionen zu. Christliche Organisationen versuchten, mit sozialen Projekten die Menschen zu unterstützen, und in diesem Projekt zeigten uns die Jugendlichen in althergebrachten Tänzen ihren Glauben. In diesem speziellen Fall waren es Tänze und Musik der afrocubanischen Religion Santeria, die junge Afrocubaner mit viel Spaß und Gefühl für Musik in bunten Kostümen vor uns aufführten.

Die afrocubanischen Götter können jedes Problem lösen und werden daher bei jeder häuslichen Krise befragt, diese Riten haben die Ablehnung durch den Staat in den Menschen überdauert. Uns blieb etliches dabei unverständlich, aber der Elan und die Buntheit ihres Götterhimmels wurde uns durchaus bewusst gemacht.

Dann verließen wir den Komplex des Projekts und Señora Gladis zeigte uns den ersten Friedhof Havannas. Nur eine Wand war davon übrig geblieben, eingelassene Vertiefungen in der Mauer zeugten noch von eingeschobenen Särgen und Urnen.

Dann führte uns Gladis zu einem weiteren Sozialprojekt. In einem ehemaligen herrschaftlichen Gebäudekomplex aus der Kolonialzeit wohnten 24 Familien umsonst in einem ziemlich marode wirkenden Innenhof.

Mit einigen von ihnen kamen wir ins Gespräch, sie erzählten, dass sie nur alle zwei Tage Wasser geliefert bekamen, daher standen auf den Dächern und Mauern Fässer, um das Wasser speichern. Das sah abenteuerlich aus.

Sie hatten in Eigenarbeit Zwischendecken gezogen, um mehr als das eine Zimmer pro Familie zu haben, das ihnen zugewiesen worden war. Das konnte durchaus Probleme geben, wenn die alten Mauern die zusätzlichen Decken nicht mehr tragen konnten. Es hatte schon mehrere Einstürze in Havanna gegeben, und wenn ich mir das so betrachtete, sah es auch hier sehr gefährlich und recht behelfsmäßig aus. Hier verteilte Gladis unsere mitgebrachten Kugelschreiber und Cremedosen. Eine alte Frau bat uns herein in ihre Wohnung und wir sollten uns umsehen. Das machte mich sehr beklommen.

Mittags hatten wir beim Hauptkünstler der Initiative zusammen gegessen, dabei hatten wir anfangs ein mulmiges Gefühl wegen möglicher Infekte gehabt. Wir mochten aber nicht fragen, ob sie abgekochtes Wasser für den Salat genommen hatten.

Es gab dazu Moro, das ist schwarzer Reis mit schwarzen Bohnen, Okraschoten, Maisstampf, als Nachtisch Guavensauce auf dünnen Käsescheiben.

Beim Mittagessen ergab sich ein Gespräch über Obamas nahenden Besuch. Gladis war entschieden gegen Veränderungen, sie war eine glühende Verfechterin des bestehenden Systems und wollte keine amerikanischen Verhältnisse hier haben. Jorges Gesicht dagegen sprach Bände, er konnte sich sicherlich nicht so offen äußern. Außer der kommunistischen Partei existieren keine weiteren „erlaubten". Wenn man nicht häufig genug an deren Kundgebungen teilnimmt, wird man verdächtigt, anders zu denken, als man darf. Davon hängt dann die Ausbildung, das Studium und das berufliche

Weiterkommen ab. Es gibt eine „Spitzelorganisation", die die Häuserblocks überwacht und sich von verdächtigen Äußerungen berichten lässt. Cuba libre!

Aber wenn ich an die meisten Jugendlichen hier in Havannas Straßen denke, da sahen wir doch junge Menschen, die vom Haarschnitt bis zum Outfit genau zu unseren Jugendlichen gepasst hätten. Abends sah man sie dicht gedrängt vor Hotels sitzen, um WiFi zu nutzen, um ins Internet zu kommen, zu chatten, sich in den sozialen Netzwerken zu tummeln. Das mag man wie Gladis nicht gern sehen, aber Leben heißt Bewegung, nicht Stillstand. Und in welche Richtung diese Bewegung geht, wird man ja sehen. Ich kann es den jungen Leuten nicht verübeln, dass sie auch eine Scheibe vom Luxus haben wollen. Hier gibt es überhaupt nichts, an das wir gewohnt sind und das sie jetzt natürlich durch das Internet sehen können. Und man sieht beim Bummeln durch die Straßen, dass die Menschen hier nicht auf Rosen gebettet sind.

Wir hatten anschließend ein Gespräch mit einer Ärztin, die in einer Arztpraxis für dieses Wohngebiet arbeitete. Die Behandlung ist für alle Cubaner kostenlos. Es gibt sechzig Ärzte für 10.000 Cubaner. Das klingt erstmal reichlich. Aber alle Zahlen sind geschönt. Die Hälfte dieser Ärzte arbeitet im Ausland.

Die Medikamente muss man sich zum Teil gegen Devisen auf dem Schwarzmarkt kaufen, selbst Bettlaken, Getränke u.v.m. muss die Familie für den Krankenhausaufenthalt besorgen. Für Ausländer gibt es Devisenkrankenhäuser mit entsprechender Ausstattung. Sogar Schönheitsoperationen kann man hier gegen Devisen machen lassen.

Die Ärztin erzählte uns auch, dass man wegen einiger schon bekannter Zikamückenfälle jetzt versuchte, dagegen mit Spritzen anzugehen. Das war aber eine reine Sisyphus Arbeit, da ja alle Haushalte offene Wassertonnen aufstellen, in denen sich die Mückenlarven unkontrolliert vermehren können.

Auch hier verteilte Gladis unsere Kugelschreiber. Ob sie wohl selbst ihre widersprüchliche Einstellung bemerkte? Kugelschreiber kosten in Havanna ungefähr 2 CUC, Haarwaschmittel 5 CUC, das entspricht einem Wochenlohn eines durchschnittlichen Cubaners.

Nachmittags fuhren wir durch immer baufälliger aussehende Viertel zum Sozialprojekt Comunitario Muraleando. Hier sind die Mauern eines ganzen Straßenviertels mit Malereien bedeckt. Der Künstler Manuel Diaz Baldrich hatte dieses Projekt initiiert, weil die Kinder der Schule keinen Raum für den Kunstunterricht hatten, daher machte er aus der Not eine Tugend, und sie begannen, die Wände des Viertels zu bemalen. Die Bewohner der Gegend wurden zur Mitarbeit aufgefordert, und entwickelten daraus ein Gemeinschaftsgefühl und versuchten auch, diese Wände und die Straßen darum herum vom Müll zu befreien. Das gelang aber nicht immer, weil die Menschen einfach andere Probleme haben.

Wir wollten eigentlich schon gehen, als wir merkten, dass eine Band nur für uns lokale Musik spielen wollte. Wir fühlten uns nicht direkt wohl dabei. Ein kleines Kind tanzte dazu, der Sänger wollte zum Mitklatschen und Tanzen auffordern, das wirkte bei zwei Zuhörern aber völlig gewollt, der Funke sprang einfach nicht über. Natürlich sollten wir auch hier wieder CDs kaufen. Das taten wir natürlich auch, aber bei den handgefertigten Muschelketten und Zeichnungen streikten wir.

Jorge lud uns danach noch zu sich nach Hause ein, um seine Familie kennen zu lernen. Inzwischen hatten wir aber schon so viele Informationen zu verarbeiten, dass wir das freundlich ablehnten und ihn und Edel für den Rest des Tages verabschiedeten.

Zurück im Hotel hatten wir kein Wasser mehr! Das bedeutete: kein Händewaschen, kein Toilettengang, geschweige denn duschen... Wir sind sehr verwöhnt, dachte ich, ich fühlte mich einfach unwohl, als ich mich ungewaschen und völlig verschwitzt aufs Bett legte.

Später machten wir noch einen Bummel durch die Altstadt und fuhren mit dem Lift auf die Dachterrasse von Hemingways Quartier.
Dort sahen wir auf total kaputte Dächer und Häuser im Renovierungsstau. In Havanna sind nur wenige Straßen und Gebäude gut erhalten, man hat zu wenig Geld in die Erhaltung gesteckt oder stecken können.

Abends aßen wir auf der Dachterrasse des Moneda Cubana. Hier sah man direkt auf die Festung, von der allabendlich um neun Uhr ein Kanonenschuss den Abend ankündigt.

Wir aßen Hummer, von dessen Geschmack ich leider enttäuscht wurde. Er schmeckte wie Langusten. Ich hatte noch verklärte Erinnerungen an die Hummer aus Maine, das schließlich auch am Atlantik liegt. Oder kam dieser Hummer aus dem karibischen Meer und schmecken die dort anders?

28.2.

Am nächsten Morgen kamen immer noch nur Rinnsale aus dem Wasserhahn. Es reichte zum Abspülen der Haut aber mehr nicht. Keine gewaschenen Haare, war das eklig.

Ich machte mir so meine Gedanken über das Frühstücksgeschirr...

Gleich nach dem Frühstück fuhren Edel und Jorge uns nach Vignales. Die Fahrt dorthin war sehr abwechslungsreich, zum einen durch die schöne Landschaft, zum anderen durch die Erklärungen dazu. Edel fuhr auf der Autobahn nur auf der Überholspur, weil auf der anderen Fahrbahn nicht nur Pferdewagen fuhren, sondern gelegentlich auch Pferde oder Kühe umherstanden, genau wie in Indien. Außerdem priesen Bauern am Wegrand ihre Waren an, und Händler standen ab und zu sogar mit gebratenen Hühnern, die an Stangen baumelten, mitten auf der Straße.

Unsere nächste Unterkunft, ein Privathaus, ein Casa particular, sollte im Zentrum von Vignales liegen und auch einen Pool haben. Wir wunderten uns also, dass wir verschlungene, immer schlechter werdende Wege in die Pampa fuhren. Wir sahen uns eine ziemlich bescheidene dunkle Unterkunft an, die aber auch gar nichts mit der gebuchten gemein hatte, und weigerten uns, dort zu bleiben.

Jorge geriet ziemlich außer Fassung, weil er jetzt tätig werden musste... Er hatte geglaubt, damit bei uns durchzukommen. Letztendlich fanden wir ein besseres Haus. Das allerdings bedeutete für uns alle viel Stress, weil Jorge dazu gar nicht in der Lage war – oder es nicht wollte. Denn er behauptete immer, alles wäre ausgebucht, was überhaupt nicht stimmte. Als wir im örtlichen Büro unserer Reisegesellschaft waren, fand sich unter vielen Entschuldigungen sofort eine ordentliche. Was sollte das also? Wollte Jorge die übliche Provision noch einmal einstecken?

Wir fuhren zum Mittagessen zu einem malerisch in den Bergen gelegenen Restaurant, das ein einfaches bäuerliches Essen servierte und gleichzeitig einen wunderschönen Ausblick über das Tal bot.

Die Wandmalerei, Mural de La Prehistoria, die im Valle de las Dos Hermanas zu sehen war, konnte man allerdings getrost vergessen. Eine primitive, viel zu bunte Darstellung der Evolution, die von Bauern unter Anleitung eines Künstlers ausgemalt worden war. 1959-1966

Hier in Vignales wird Tabak angebaut und eigentlich sollten wir hier eine Tabakpflanzung besuchen und danach die Herstellung der berühmten cubanischen Zigarren beobachten, aber leider hatte Jorge nicht bedacht, dass am Sonntag nicht geöffnet war.

Wir bestanden also darauf, zu einem botanischen Garten, von dem wir gelesen hatten, gefahren zu werden und bekamen eine hervorragende Führung durch den Leiter der Anlage.

Die anschließend geplante Fahrt zum Strand fiel dann auch leider aus, weil er 60km entfernt lag. Was war das für eine Planung heute? Oder wollte unser Fahrer seine Eltern besuchen, die hier in der Nähe wohnten?

Nachmittags zeigten wir Jorge auf der schönen Dachterrasse unserer neuen Unterkunft unser eigenes Programm, das wir in neuester Ausführung erst vor zwei Wochen erhalten hatten. Die gesamte Reiseplanung war bereits vor einem dreiviertel Jahr abgeschlossen gewesen. Da zeigte sich dann, dass zwischen seiner und unserer Version angeblich etliche Unterschiede bestanden. Mein Mann hatte sich beim Aussuchen der Unterkünfte große Mühe gegeben und sie nach den Beurteilungen gewählt.

Unsere gebuchten Hotels waren durch billigere Casas Particulares ersetzt worden. Ist das nun cubanisch? Jorge schmollte und verhielt sich unprofessionell.

Abends gingen wir zum Essen ins El Campesino, wie mehrere Busgruppen auch. Das Essen war schlicht, aber ok.

29.2.

Wir wussten gar nicht, wie froh man über eine Toilettenbrille sein kann, und gar über gewaschene Haare! Heute morgen hatten wir Muße, uns in unserem Casa Particular „El Casino" ein wenig umzusehen. Beppo hatte sein Zuhause in liebevoller Kleinarbeit selbst renoviert und immer noch etwas angebaut oder verbessert. (Das bemerkten wir schmerzlich, weil er andauernd irgendwo klopfte und hämmerte) Das Resultat war, dass alles ausgefliest war, wohl immer mit gewissen „Beschaffungsabständen" dazwischen, so dass wir die vielen kleinen Absätze und Stufen in unserem Zimmer und Bad beachten mussten, um nicht zu fallen. Woher hatte er wohl die Regendusche?

Die Wände waren ansprechend bemalt und mit Bildern verschönert. Es gab Armaturen, die mal passten, mal große Löcher aufwiesen, aber es funktionierte alles. Auch das Frühstück war ok. Teetrinker waren aber auch hier unbekannt und es dauerte ziemlich lang, für uns kochendes Wasser zu beschaffen.

Anschließend trafen wir Nelson, einen örtlichen Führer, der uns mit dem schönen Valle de Vignales bekannt machte und einige Stunden herum führte. Er hatte profunde Kenntnisse der Flora und kannte alle Arten mit deutschen Namen. Lange Reihen von Ananas standen in Reih und Glied auf den Feldern. Ständig brach Nelson Pflanzen, die wir zwischen den Fingern zerreiben und „erschnuppern" sollten. Meist lag ich richtig, da ich viele dieser Kräuter schon verwendet hatte. Ganz besonders interessant fand ich das Zitronengras, das ich hier erstmals nicht als gerollten Stängel in der Hand hielt, sondern als spitzes Blatt, wie ein Gras eben. Herrlich blühende Bäume, wie der rotblühende Tulpenbaum und der Flammenbaum, aber mir auch völlig unbekannte Arten wie der Sandbüchsenbaum wuchsen im Tal. Nelson brach eine reife Frucht ab, deren platte Samen poliert als Amulett oder als Halskette verkauft wurden. Die einzelnen Samenhüllen hatten eine gebogene Form.

Er zog ein Messer aus der Tasche, schnitzte einen

Teil ab, und schon hielt ich einen Delfin in der Hand, den ich als Ohrhänger oder Kettenanhänger verwenden könnte.

Wie vieles hier auf Cuba machte man mit etwas handwerklichem Geschick aus natürlichen Materialien Gebrauchsgegenstände oder Schmuck.

Nelson hatte vor der Wende sechs Jahre in der DDR studiert. Ein Jahr intensiv Deutsch, dann ein Jahr nur technische Begriffe und vier Jahre Ingenieurswesen. Hier auf Cuba arbeitete er inzwischen nur noch als Touristenführer und als Bauer auf seinem eigenen Boden. Da das Monatsgehalt eines Lehrers z. B. umgerechnet nur 25€ (diese Zahlen schwanken natürlich) im Monat beträgt, drängen immer mehr Akademiker in die Touristenbranche. Daher gibt es schon Lehrermangel. Ein Kellner bekommt als Trinkgeld oft schon beim Frühstück mehr als ein Lehr oder ein Arzt im Monat! Das schafft Unzufriedenheit.

Nelson hatte übrigens nur ganz wenige Zähne, Zeugnis einer nicht so gut funktionierenden medizinischen Versorgung. Zahnersatz war teuer. Auch hier klaffte Propaganda und Realität weit auseinander.

Ich sprach Nelson auf seine Karte an, die er am Handgelenk baumeln hatte, und er erzählte, dass sie ihn als offiziellen Touristenführer auswies. Wenn er ohne diese von einem Polizisten angetroffen werden würde, müsste er mit Repressalien rechnen. Daraufhin warf Jorge ein, dass er zu Beginn seiner Reiseleiter Tätigkeit eben diesen Ausweis vergessen hatte und sofort ins Gefängnis gebracht wurde. Das ließ uns verstummen.

Nelson zeigte uns viele verschiedene Tiere, nichts Ungewöhnliches, aber anders lebend als bei uns. Aasgeier kreisten in großer Zahl über uns.

Ein Schwein lag angebunden an einem See und säugte seine Jungen. Zwei Kampfhähne pickten mit rot gefärbten Beinen im Gas, ebenfalls angepflockt.

Sie beäugten uns misstrauisch. Dann allerdings zeigte er uns eine riesige Baumratte, die zwischen Ästen auf einem Stamm saß und seelenruhig Blätter fraß. Sie sah tatsächlich wie eine Ratte aus, aber überdimensional groß – wie ein gut gemästetes Kaninchen. Der wäre ich nicht gern im Dunklen auf der Straße begegnet.

Bauern arbeiten hier noch mit altertümlichen Pflügen und Ochsen. Das Ziehen von geraden Furchen ist Schwerstarbeit.

Inzwischen dürfen Bauern auf Antrag auch mehr als die sonst erlaubten sechs Hektar besitzen, aber nur, wenn sie sie auch bewirtschaften. Die werden auch nicht gekauft, sondern zugeteilt, und bei Nichtbearbeitung wieder entzogen. Der Staat sieht hier alles.

Dann kamen wir an Tabakfeldern vorbei, die zwei Fuß hoch standen, und Nelson erklärte uns den langen Weg von der Aussaat zur fertigen Zigarre.
U.a. werden die Blätter lange in speziell errichteten Trockenhäusern auf Stangen getrocknet.

In so einem Trockenhaus beschrieb uns ein Tabakbauer die einzelnen Vorgänge. Interessant daran ist, dass sie 90% der Ernte an den Staat abgeben müssen und dass der Prozess insgesamt sechs Jahre dauert, bis man eine fertige Zigarre in der Hand hält. Er schnitt und wickelte aus fertig fermentierten Tabakblättern eine Zigarre, sehr geschickt!

Nach diesem Vortrag wanderten wir wieder zu unserem Fahrer, der uns in ein schön gelegenes winziges Gasthaus mit kreolischer/cubanischer Küche brachte. Sehr vielfältig und interessant wurde nur für uns ein Essen zubereitet. Für uns beide war auch auffällig, dass alle drei Cubaner wieder unglaubliche Mengen Moro aßen, den schwarzen Reis mit den schwarzen Bohnen, der einfach nur nahrhaft ist, aber absolut langweilig schmeckt.

Während der Heimfahrt sagte Jorge auf unsere Frage nach dem Nachmittagsprogramm: Freizeit! Das fiel uns inzwischen unangenehm auf, dass wir ihn tatsächlich immer wieder an das Einhalten des Programms erinnern mussten, genau wie an das Einhalten der gebuchten Unterkünfte. Lästig!

Nachmittags fuhren wir zu der San Tomàs Tropfsteinhöhle. Dafür wurden wir von Victor, unserem Bergführer, mit Helm und Stirnlampe ausgestattet. Der Weg dorthin führte an unglaublich dichten blauen Kaiserwinden vorbei, die den ganzen riesigen Kalkberg bedeckten. Das leuchtete weit hin.
Was ich vorher nicht wusste, war, dass man, um in die Höhle zu gelangen, 120m den Berg hoch kraxeln musste. Auf rutschigen Felsvorsprüngen, mit einseitig und provisorisch angebrachten Bambusstangen! Ich wagte nicht, den Hang hinunter zu blicken, sonst wäre mir schlecht geworden. Schwer atmend gelangten wir in die Höhle, alles duster, daher also die Kopflampen. Die Wege waren hier auch mit Vorsicht zu genießen, alles war eng und steil, es ging auf und ab. Geckos und Fledermäuse fühlten sich hier wohl. Die Führung zwischen den atemberaubenden Stalaktiten und –niten dauerte gut zwei Stunden. Victor, der Bergführer, kletterte wie eine Gämse vorn uns her, reichte aber auch gern eine helfende Hand, wenn ich nicht weiter wagte. Den Abstieg legte ich größtenteils auf dem Hosenboden zurück, ängstlich an Baumstämme geklammert.
Als wir glücklich wieder unten angelangt waren, klebten meine frisch gewaschenen Haare am Kopf... Diese Tropfsteinhöhle war sicher ein Erlebnis, aber eines, auf das ich in Zukunft auch verzichten könnte, nachdem sie schon die achte war, die ich besichtigt hatte. Hoffentlich erinnere ich mich bei der nächsten Höhle wieder daran.

Wir brachten nachmittags Nelson, dessen Bindehautentzündung uns morgens bei unserer Wanderung aufgefallen war, ein paar Einmaltropfen aus unserer umfangreichen Reiseapotheke vorbei und entspannten uns danach auf unserer Dachterrasse. (Unser Zimmer war nicht gemacht worden, am Trinkgeld konnte es nicht gelegen haben, das lag auf dem Bett, komische Sitten.)

Abends aßen wir im Palador Casa de Don Tomàs, einem staatlichen Restaurant in einem der ältesten Häuser von Vignales. Das war sehr zu empfehlen! Gute einheimische Spezialitätenküche. Wir hatten uns diesmal von Edel nur hinfahren lassen, den Rückweg wollten wir allein machen, weil wir endlich mal unsere Emails checken wollten. Nach langem Anstehen vor einer staatlichen Telekommunikationsgesellschaft hatte mein Mann es endlich erreicht, mehrere Karten für unsere iPads zu kaufen, allerdings nur auf Vorlage seines Ausweises, der sorgfältig studiert und eingetragen wurde. Was für eine Prozedur! Nun mussten wir nur noch einen Hotspot im Ort finden.

Das gelang uns dann tatsächlich problemlos draußen in der Nähe der Touristeninformation, vor dessen Tür Tische aufgebaut waren. (So konnten auch die Imbissbesitzer an einem Drink verdienen) Ich war froh, endlich konnte ich mal wieder Emails checken, nur eine war wichtig, von unserem Reiseveranstalter aus Münster. Aber vor allem konnten wir whatsapps und Bilder versenden und erhalten.

Wir schlenderten durch die belebten Straßen von Vignales bis zum Kulturzentrum. Hier fand draußen innerhalb von Zäunen eine Disco statt mit Tänzerinnen, die auf einer Bühne ihr Können zeigten. Der Eintrittspreis war mit einem CUC sehr human, für uns jedenfalls, für die Normalverdiener hier sicher nicht. Die schauten über den Zaun.

1.3.

Heute fuhren wir nach Las Terrazas zurück, Richtung Havanna. Wieder waren wir sehr froh über unseren gut gefederten Wagen mit den weichen Sitzen, denn abseits der Autobahn waren die Straßen ziemlich holprig. Las Terrazas ist Cubas erstes von der UNESCO ausgewiesenes Biosphärenreservat mit schönen Wasserfällen und Badeplätzen. Das Baden war allerdings mit Vorsicht zu genießen wegen der glitschigen Steine. Wer Natur pur liebt, ist hier richtig aufgehoben. Schroffe Berghänge umrahmten malerisch einen See, in dem viele Wasservögel schwammen.

Laut einem Schild wurden 56 Jahre CDR gefeiert. Bei Jorges Erklärung zu CDR „Massenorganisation" missverstand ich es als „Mafiaorganisation", was nicht zwingend zur Erheiterung beitrug...

Er sagte, dass fast jedermann auf Cuba Mitglied der CDR sei. Aha. Wir lasen dann, dass ca. 93% aller über 14jährigen Bürger in einem der Komitees Mitglied sind. Nichtmitglieder müssen mit Schikanen oder Ausgrenzung rechnen.

Unser Chauffeur schien zumindest jeden einzelnen Polizisten der Umgebung zu kennen, so freundlich, wie sie sich immer per Fingergeste begrüßten...

Vorher war dieses Gebiet wegen des Kaffeeanbaus komplett abgeholzt worden. Inzwischen war es mit unglaublichen 6 Millionen Bäumen wieder aufgeforstet worden, und im Zentrum war ein Dorf, La Communida, entstanden mit etwa 1000 Bewohnern. Kindergarten, Schule und andere soziale Einrichtungen machten das Dorf komplett. Das Ökotourismusprojekt sichert auf umweltfreundliche Art das Einkommen der Familien. Es gab Restaurants und Künstlerateliers, die mit natürlichen Rohstoffen arbeiteten und Gegenstände z.B. aus Holz und Papier zum Kauf anboten. Wir wanderten mit einer sehr lebendig gestikulierenden jungen Frau durch das Revier, wo sie uns auch den Tocororo, den Nationalvogel Cubas, auf einem Baum zeigen konnte.

Selbst unser leider jetzt etwas muffiger Guide Jorge taute bei ihrem Geplauder wieder auf. Er schaffte es leider nicht, einen professionellen Umgang mit uns herzustellen, nachdem wir das letzte Quartier abgelehnt und gewechselt hatten. Er meinte, für unsere Unterkünfte sei er nicht verantwortlich.

Wir aßen zusammen im rekonstruierten Wohnhaus des ehemaligen französischen Kaffeeplantagenbesitzers – inzwischen sattsam bekannte Speisen. Es war ok, aber allmählig langweilig. Hier beim Essen holte Jorge sich eine andere Kollegin seiner Agentur zu Hilfe, die uns klar machen sollte, dass die Casas Particulares, die wir nun anstelle der gebuchten Hotels erhalten sollten, ebenso gut seien. Schade, dass er so wenig Verhandlungsgeschick besaß. Anfangs war er bemühter, jetzt wirkte er wie ein trotziger Junge mit seinen 27 Jahren. Na, damit mussten wir natürlich auch rechnen, wenn man zwei Leute buchte, dass man nicht immer gut miteinander auskam. Wir bemühten uns um einen unverfänglichen Ton.

Was mir auffiel bei dem Gespräch mit Jorges Kollegin war eine wirklich abfällige Bemerkung über eine: Mulattin. Sie sprach über die Frau des als zukünftig gehandelten Präsidenten Cubas. Das kam sehr rassenfeindlich aus ihr heraus. Dabei leben schwarzhäutige und weiße Menschen je zur Hälfte auf dieser Insel, und trotzdem bezeichnen sich bei Umfragen 80% als Weiß.

Die Ruinen der ehemaligen Kaffeeplantagen ließen wir unbeachtet und steuerten in Soroa den in mehreren Reiseführern hoch gelobten Orchideengarten an. Die Hauptblütezeit der Orchideen, 700 Arten, sollte zwischen November und März/April sein. Das war dann leider doch nicht so, es blühten nur etwa 15 – 20 Arten. Ansonsten war der Garten sehr schön angelegt mit vielen verschlungenen Wegen, kleinen Brücken und künstlichen Gewässern. Der Orchideengarten war von einem reichen kanarischen Zuckerrohrplantagenbesitzer zum Andenken an seine verstorbene Tochter angepflanzt worden und ging nach seinem Tod in den Besitz des cubanischen Staates über.

Auf der Weiterfahrt las Jorge Witze aus seinem Handy vor. Nach dem fünften lenkte mein Mann ihn freundlich mit einer Frage ab. Jetzt beim Aufschreiben konnte ich darüber kichern, vorher nicht. Jeder kennt ja das Gefühl des Fremdschämens, das mich beschlich. Es gibt Leute, die können Witze erzählen, Jorge gehörte definitiv nicht dazu. Aber er bemühte sich jedenfalls, seine schwierigen Kunden zu unterhalten, das mussten wir wohl anerkennen.

Nachmittags in Soroa kamen wir in unsere nächste Unterkunft, das Casa Petri mitten in einem schönen Garten gelegen. Als wir uns im Garten entspannten, brachte Jorge uns, in Begleitung des Chauffeurs, eine Flasche mit für die Gegend typischen Guaveschnaps als Geschenk. Wessen Idee war das wohl gewesen? Wir nahmen sie dankend entgegen, wir wollten schließlich die nächsten sieben Tage noch miteinander verbringen.

Als ich mich frisch machen wollte für das Abendessen, stellte ich fest, dass weder Wasser noch Toilettenpapier vorhanden war. Ich bekam von der Hausherrin Papierservietten. Die Klimaanlage funktionierte leider auch nicht, es war inzwischen total schwül geworden. Der Toilettenabzug war ebenfalls defekt, das bemerkten wir erst später, aber mein Mann nahm den Wassertankdeckel ab, und wir konnten den Abzug von innen bedienen. Eine einzelne Birne warf ein funzeliges Licht aus dem dreiarmigen Deckenleuchter. Das Bett war nur 1.20 m breit. Wir bestellen bei unseren Reiseveranstaltern im Voraus immer getrennte Betten, weil unser Idealmaß von 2 x 2 m als Doppelbett eher selten zu bekommen ist. Wir sahen uns nur beklommen an und wollten nicht schon wieder meckern. Es gab keine Stühle, um Zeug abzulegen, und den Koffer mussten wir mangels Platz draußen im Gang öffnen. Ein Casa, das wir gar nicht empfehlen konnten.

Edel und Jorge warteten schon auf uns und brachten uns in das einzige Restaurant am Dorfrand. Ungemütlich und armselig. Darüber gibt's nichts mehr anzumerken.

2.3.

Heute mussten wir leider einen Fahrerwechsel hinnehmen, weil Edel aus familiären Gründen nach Havanna zurück musste. Das bedauerten wir sehr, er hatte einen guten Einfluss auf Jorge gehabt. Ständig wies er ihn auf Sehenswürdigkeiten hin, wusste auch über Pflanzen und Tiere Bescheid. Hätte er Englisch oder Deutsch sprechen können, wäre er auch ein guter Guide gewesen.

Es war wärmer geworden, wir holten unsere dünnsten Blusen bzw. Hemden aus dem Koffer. Mit 30 Grad aber gut auszuhalten. Andere Leute hatten offensichtlich ihre Hüte und Sonnencreme vergessen, ihrer krebsroten Haut nach zu urteilen. Als mein Mann Jorge unterwegs nach einem bestimmten Baum fragte, kicherte der: Touristenbäume! Sie hatten rote Stämme. Er hatte also doch Humor, der Gute!

Kurz vor Havanna war dann Fahrerwechsel, wir steuerten auf eine Gruppe „Sympathieträger" zu, von denen sich der Finsterste löste und als Ariel vorstellte. Ein guter Scherz! Sein muskelbepackter Körper war in einen blauen Anzug gequetscht und die Glatze geölt. Er hätte perfekt als Bösewicht in einen James Bond Film gepasst oder als Türsteher vor eine Kneipe in einem anrüchigen Viertel.

Als er seine fiese Sonnenbrille abnahm, wirkte er aber schon wesentlich weniger furchterregend. Das beschränkte er nun auf seine Fahrweise. Er hetzte grundsätzlich mit 120 über Landstraßen, auf deren Schildern ich 80 las... In den Kurven wurde mir schlecht und ich befürchtete Schlimmstes für jeden Radfahrer oder Fußgänger.

Plötzlich gab es einen Wolkenbruch, was ihn nun doch veranlasste, den Fuß etwas vom Gas zu nehmen. Genauso schnell, wie der Regen eingesetzt hatte, hörte er aber auch wieder auf.
Am Straßenrand sah ich große braune Kugeln in den Bäumen und fragte Jorge danach, der wiederum Ariel befragte. Es waren wieder Termitenbauten, mit den winzig kleinen Termiten, die uns Nelson schon in Vignales gezeigt hatte, als er mit einem Stock darin herum gestochert hatte.

Wir machten nach ein paar Stunden Rast in Cienfuegos an der Karibikküste. In der von Franzosen gegründeten Stadt sahen wir viele Kolonialbauten, teils renoviert, teils verfallen. Jorge führte uns durch den Ort, hatte sich auch gut vorbereitet und brachte uns zum Abschluss zum Park José Marti im Zentrum.

Er erzählte auf unsere Frage hin, dass die Wohnungssuche auf Cuba allgemein schwierig sei, nicht nur in Havanna. Seine Mutter hatte das Haus, in dem sie als Familie zusammen lebten, durch die Pflege der dort alleinstehend lebenden 97 jährigen Frau übernehmen können. Wie immer braucht man auch die Empfehlung der allgegenwärtigen Partei, zu der sie aber auch gehörten. Er selbst verdient als Angestellter 25 CUC (umgerechnet) Seine Freundin, die aus Peru kommt, verdiente als Ärztin noch weniger. Sie hatte hier sechs Jahre kostenlos Medizin studiert, weil Cuba solche Programme für befreundete sozialistische Länder anbietet. Danach war sie in Havanna geblieben.

Dann unternahmen wir eine Bootsfahrt auf einem großen Katamaran auf der Laguna Guanaroca. Das Ufer war von Mangroven gesäumt und über uns schwebten Pelikane! Ein schöner Anblick.

Hier in Cienfuegos gingen wir zum Essen ins El Aché, ein Restaurant, das uns wärmstens empfohlen worden war. Diese Empfehlung war genau richtig, hier stimmte alles: von der aufmerksamen Bedienung zum guten Speiseangebot bis zur schönen Umgebung mit zwitschernden Vögeln in der Voliere des kleinen Gartens.

Anschließend fuhren wir weiter nach Trinidad. Beim Hineinfahren fielen uns nur baufällige Häuser und staubige Straßen mit Schlaglöchern auf, über die Ariel jetzt etwas langsamer fuhr. Wahrscheinlich wollte er den Wagen schonen. Unsere Unterkunft erschreckte mich durch die Lage inmitten verfallender eng stehender Häuser, von innen war sie in Ordnung. Unser Zimmer war geräumig, mit zwei großen Betten statt des einen schmalen in der gestrigen Unterkunft. Es hatte einen eigenen Patio und einen funktionierendem Wasserhahn. Die Toilette spülte allerdings nur einmal, dafür mussten wir danach die freundliche Hausherrin zu Hilfe rufen. Ihre Angestellte bot mir sofort an, meine Wäsche zu waschen.

Wir konnten uns am nah gelegenen Parque de Céspedes ins Internet einloggen mit Hilfe unserer neu gekauften Karten. Alles etwas umständlich, aber die vielen Cubaner um uns herum schienen keine andere Möglichkeit zu haben. Als es dunkler wurde, gingen wir ins Grand Hotel gegenüber, das uns als Touristen gleich willkommen hieß. Da konnten wir unsere Mails bequemer checken.

Jorge und Ariel brauchten wir heute nicht mehr, worüber sie bestimmt auch froh waren.

Die Hausherrin brachte mir später auch Brot, Käse, Oliven und ein Glas Wein hoch ins Zimmer da der Magen meines Mannes jetzt nichts mehr vertrug außer Kamillentee, den ich dem Stöhnenden fleißig kochte. Der Saft aus dem Casa Petri war leider der Grund für seine Magenverstimmung gewesen.

3.3.
Jorge holte uns um halb zehn ab zu einem Rundgang durch Trinidad. Er sagte gleich, dass die ersten Zikamückenfälle gerade auf Cuba bekannt geworden seien. Ich kratzte mich gedankenverloren an meinem Stich am Fuß, den ich in der Nacht bekommen hatte, weil wir die stickige Wärme nur bei geöffnetem Fenster ertrugen. Die Klimaanlage und den Ventilator konnte man wegen des Lärms getrost vergessen. Natürlich schützten wir uns gegen Stiche mit einem tropentauglichen Spray, aber das hatte wohl nicht ganz gewirkt. Es musste ja auch nicht gerade eine Zikamücke gewesen sein.
Die Sonne schien wieder strahlend vom Himmel, so dass wir auch unsere großen Hüte zurecht rückten. Die Luft war extrem schwül bei 30 Grad.

Es gab so schöne Gebäude, aber ganz allgemein wirkte alles baufällig und schrie nach Renovierung. Die Blicke, die wir in die engen Hausflure der Einwohner werfen konnten, erschreckten uns. Ich kann nur hoffen, dass sich auch das Leben der Menschen hier verbessern wird mit Hilfe der Devisen, die hoffentlich irgendwann mal nach einer Annäherung an die USA hier fließen werden.

So möchte keiner von uns leben müssen – und übrigens die Cubaner auch nicht! Touristen sehen meist nur das bunte, malerische Äußere. Wenn ich meine Bilder ansehe, die ich gemacht und verschickt habe, sehen sie auch absolut pittoresk aus. Dass die Farbe überall abblättert, dass kaum etwas funktioniert, dass ganze Balkone nicht zu benutzen sind, sieht man darauf nicht. Wenn man etwas mit den Worten: malerisch, pittoresk oder charmant bewirbt, sollte man schon misstrauisch sein. Unser Casa Colonial Carlos wird zum Beispiel mit hervorragendem Standard angepriesen, der besser als der der meisten Hotels sei. Das ist schlicht gelogen, oder aber die betreffenden Hotels sind mies.

Aber die vielen Touristen helfen auch mit ihren Trinkgeldern, dass etliche Cubaner besser leben können. Ich hätte übrigens auch nichts dagegen, in Hotels und Casas Particulares zu wohnen, die gut ausgestattet sind. Es muss ja nicht immer ein Luxushotel sein, dass überall auf der Welt gleich aussieht. Eigentlich lieben wir beide kleine aber gut ausgestattete Häuser.

Ich müsste allerdings lügen, wenn ich sagen würde, dass ich mich nicht auf unser schönes (hoffentlich) Hotel zum Abschluss freuen würde. Diese einfachen Hotels und Casas Particulares verschafften einem aber einen besseren Kontakt zu den Cubanern und „erdeten" uns mal wieder.

Nach einem ordentlichen Frühstück mit der netten Bedienung, die schon gestern meine Wäsche waschen wollte, holte Jorge uns zum Stadtbummel ab durch das „verträumte" Trinidad. Verträumt steht für Renovierungsstau ohne Ende. Er hatte dringend zu festen Schuhen geraten, weil das Kopfsteinpflaster zum Stolpern förmlich einlud und kein Gehweg ohne z.t. sehr tiefe Löcher war. Es gab wieder traumhafte Fotomotive. Jorge zeigte uns ein staatliches Lebensmittelgeschäft, in dem Cubaner einkaufen und, wie überall hier üblich, in langen Schlangen anstehen. Eine Tafel im Geschäft zeigte an, welche Dinge zu welchem Preis gerade vorhanden waren.

Jeder Cubaner bekommt einmal im Jahr eine Lebensmittelkarte für subventionierte Güter. Dieses Geschäft war sehr übersichtlich sortiert, sprich: es gab kaum etwas.

Am Parque de Céspedes wies er stolz auf das beste Hotel der Stadt hin. (da hatten wir am Abend zuvor gesessen, um ins Internet zu gelangen)

Wir besuchten die größte katholische Kirche und er erläuterte noch einmal die vielfältigen Religionen, von denen besonders viele afrikanischen Ursprungs sind. Immer wieder hatten wir interessante Einblicke in die cubanischen Wohnungen, vor deren Türen oft alte Leute saßen und uns freundlich zunickten oder auch um Geld bettelten.

Dann stieß Marisa, eine afrocubanische Führerin zu uns und übernahm die Führung. Auch sie hatte in der damaligen DDR studiert, Germanistik, und sprach hervorragend Deutsch. Sie hätte jetzt zu gern das wieder aufgebaute Dresden gesehen, aber das blieb ihr verwehrt, seit Ostdeutschland kein sozialistischer Bruder mehr ist.

Sie führte uns vom modernen Trinidad in den historischen Teil. Nicht dass uns das aufgefallen wäre! Da war vorher auch nichts Modernes gewesen.

Im historischen Teil aber durften keine Autos fahren, weil die die gepflasterten Straßen vollends zerstört hätten.

Vor einer medizinischen Beratungsstelle blieb sie stehen, schwärmte von der hervorragenden kostenlosen medizinischen Versorgung, geriet aber ins Stocken, als sie von den Arzneimitteln sprach. Die nämlich kosteten oft richtig Geld, und man musste sie im Intershop kaufen. Gerade auf dem Weg hatte ich übrigens auch etliche Zahnlose beobachtet. Das gab's dann wohl auch nicht gratis.

Im Stadtmuseum, dem ehemaligen Haus des reichen Zuckerbarons Cantera, waren noch viele Einrichtungsgegenstände aus seinen früheren Zimmern ausgestellt. Ansonsten war die Geschichte Trinidads seit dem frühen 16. Jh. dargestellt. Vom zweiten Stock, durch eine enge Wendeltreppe konnte man zu einem Ausguck gelangen, der einen wunderbaren Ausblick über die ganze Stadt bis zum Meer bot. Mein Mann nahm das wahr, während ich mich mit einem Franzosen unterhielt, der auch im ersten Stock geblieben war.

Nach dem Besuch des Stadtmuseums verließ Marisa uns wieder. Auch sie freute sich wieder sehr über Kugelschreiber! Mir klang noch der Ausruf unserer ältesten Tochter im Ohr: „Kugelschreiber!! Mama! Nur Bares ist wahres." Kugelschreiber gaben wir natürlich nur zusätzlich. Aber wieder war ich froh, dass wir ausreichend vorgesorgt hatten.

Nach dem Besuch eines Cafés bemerkte ich das Fehlen meines Sonnenhutes und eilte mit Jorge zum Museum zurück. Ich hatte mich dort auf einer Fensterbank sitzend mit einer Cubanerin unterhalten, die dort schwierige Hohlsaumdeckchen stickte und natürlich auch verkaufen wollte. Ich hatte die Arbeiten zwar bewundert, aber keine erworben, weil bei uns niemand so etwas benutzt. Sie hatte meinen Hut aufbewahrt, und schon wieder kam ein Kugelschreiber zum Einsatz.

Jorge brachte uns zum Plaza Mayor und den verschiedenen Museen dieser Stadt. Trinidad erinnert entfernt an Rothenburg ob der Tauber, es wirkt ähnlich wie ein Freilichtmuseum mit seinen altertümlichen Gassen und Gebäuden.

Da allerdings endet die Ähnlichkeit auch. Man kann heute noch den unglaublichen Reichtum der Zuckerbarone erahnen, die diese reich mit Gittern und Balkonen versehenen Häuser oder Paläste im Kolonialstil erbauen ließen. Ein bisschen hat man als Fußgänger das Gefühl, dass seitdem aber auch nichts mehr hergerichtet wurde.

Wenn man an einer bestimmten Seite des Plaza de Mayor vor der Kirche eine 25 Peseta Münze in die Hand nimmt, hat man genau diese Kirche und die Gebäude vor Augen, also eine schöne Erinnerung an diese Ecke Trinidads.

Ein Besuch eines Ateliers, einer afrocubanischen Religionsstätte und einer Kirche rundeten den Ausflug ab, bevor wir ins Canchanchara gingen. Ohne das gleichnamige Getränk in genau dieser Gaststätte getrunken zu haben, sei ein Besuch Trinidads nicht vollkommen, wurde uns versichert. Dieses Gemisch aus Schnaps, Honig und Zitrone war gar nicht übel, fanden wir, besonders, als noch eine Gruppe cubanischer Musiker anfing zu spielen. Dazu tanzte gleich eine der üppigen Bedienungen. Der Rhythmus lag ihr einfach im Blut!

Wir verabschiedeten uns für heute von Jorge, der uns eigentlich noch mit Ariel zum Baden an den Strand fahren lassen wollte. Dazu hatten wir heute überhaupt keine Lust. Baden können wir immer, aber Trinidad sahen wir nur einmal. Wir hatten sowieso viel mehr Spaß daran, allein loszuziehen.

Wir aßen im Trinidad Colonial, einem rosa bemalten Kolonialhaus aus dem 19. Jh. Mein Essen, das zwar keine Ähnlichkeit mit dem bestellten Sirloinsteak aufwies, schmeckte sehr gut, während der Fisch meines Mannes nicht nur sehr zerstückelt aussah, sondern auch einige der angegebenen Zutaten vermissen ließ. Es war aber für uns beide von meinem Gericht genug da. Die Bedienung war meist völlig abwesend, ganz im Gegensatz zu dem schönen Restaurant Aché gestern in Cienfuegos. Ob es daran lag, das dieses Restaurant staatlich war?

Unser Zimmer war während unserer Abwesenheit sehr schön aufgeräumt und mit gefalteten Handtüchern im Tiermuster geschmückt worden.

Nach einer Erholungspause machten wir uns wieder auf den Weg, um weitere Ecken und Straßen zu erkunden.

Wir nahmen eine Fahrradrikscha und ließen uns über das holprige Pflaster zum Plaza de Mayor fahren. Kurz davor stiegen wir aus und gingen auf die breite Steintreppe neben der Kirche. Das war die Casa de la Musica, auf der viele Tische bereit standen. Hier wurde den ganzen Tag cubanische Musik gespielt, der die Touristen bei einem Mochito lauschten. Wir dann auch, und die Stimmung, die herrlichen Farben der Pflanzen ringsum, die alten Gemäuer – es passte alles wunderbar zusammen.

Im Plaza Mayor Restaurant ließen wir uns ein kleines Menü zusammenstellen, das war aber von minderwertiger Qualität.

4.3.
Ariel und Jorge standen etwas verspätet vor der Tür - Jorge hatte seinen Koffer nicht rechtzeitig gepackt - um uns heute nach Camagüye zu bringen.
Ariel fuhr (auf Anfrage) etwas langsamer, so dass wir ohne Angst die Landschaft genießen konnten. Das erwies sich schon nach kurzer Zeit als sehr gut, weil er scharf bremsen musste – eine Kuh überquerte die Fahrbahn. Ariel war uns als Englisch sprechend vorgestellt worden, aber da sein Englisch aus drei, vier Worten bestand, beschränkte sich unsere Unterhaltung auf Allgemeinplätze. Jorge schwieg sich heute uns gegenüber auch mal wieder aus, umso mehr telefonierte er im Auto – das nervte!

In Manaca Iznaga, ein Dorf nördlich von Trinidad, machten wir einen ersten Stopp, um einen Wachturm anzusehen, der war von einem Sohn eines Zuckerrohrbarons gebaut worden und wurde zur Sklavenüberwachung und später auch zur Brandüberwachung genutzt. Um den Bau des 54m hohen Turms rankte sich auch eine Liebesgeschichte. Dieser Turm und die Überreste des ehemaligen Hauses des Barons waren aber auch schon die einzigen Attraktionen des Ortes. Eine Zuckerrohrpresse im Garten zeugte noch von der schweren Arbeit der Sklaven. Drum herum scharrten sich aber die üblichen Ramschverkäufer, die gestickte Tischdecken, die heutzutage kein Mensch mehr nutzt, und Ketten aus Samen und Früchten anboten. Ein Cubaner setzte mir ungefragt einen Turmfalken auf den Kopf und wurde anschließend wütend, weil mein Mann ihm seiner Meinung nach zu wenig Geld gegeben hatte. Die Betteleien nahmen auch zu. Leider auch aggressiver Art.

Der nächste Halt war in Spiritu Sancti, wo Jorge uns herum führte, aber leider wenig Ahnung hatte. Immer wieder zückte er sein Handy und las irgendwelche Jahreszahlen ab. Dafür hatten wir ihn nicht engagiert, lesen konnten wir selbst. Das Museum und die Galerie, die er uns zeigen wollte, hatten geschlossen. Es war Sonntag, eigentlich wenig verwunderlich. Wir verkürzten den Aufenthalt und fuhren nach Camagüey weiter.

Da kamen wir dank Jorges Fehlplanung recht spät an, und checkten im Casa Particular Duran ein, sehr zentral gelegen, glücklicherweise. So konnten wir auf Jorges Stadtrundgang verzichten – er lernt es bestimmt noch in zehn Jahren, aber so lang hatten wir keine Zeit – und machten uns vergnügt allein auf den Weg. Mittels Stadtplänen und Fahrradrikscha steuerten wir alle uns wichtigen Plätze an, verhandelten in einer Galerie über ein Bild, das uns gefiel und staunten wieder über die vielen jungen Cubaner, die geballt vor einem Hotspot ihre Mails checkten und im Internet surften.

Überall saßen die Bewohner vor ihren Häusern unbequem auf den harten Steintreppen und lächelten uns freundlich zu. Ein älterer Mann stieg extra von seinem Rad, erzählte uns, dass die Straße, auf der wir gingen, vor der Revolution durch Castro noch nach seinem Vater benannt gewesen war und jetzt leider zu seinem Bedauern nach einem General umgetauft worden war. Dann stellte er uns noch zwei Frauen aus seiner Familie vor, die auch in einem Hauseingang saßen und radelte weiter.

Anschließend beschlossen wir den Abend in unserem Casa Duran bei einem frisch zubereitetem Essen, das wir vorher bei unserem Wirt bestellt hatten.

Es war alles liebevoll angerichtet, doch schmeckte mein Rindfleisch leider, als wenn es verdorben war, ich konnte es nicht essen. Sie hatten hier nicht immer ausreichend Kühlgelegenheiten, da konnte schon mal etwas schlecht werden. Mein Mann gab mir etwas von seinem Gericht, das war dann in Ordnung. In der Bar wurde uns ein guter Mochito serviert und wir fanden sogar einen Tisch zum Kartenspielen.

5.3.

Heute ging es mehr als 300 km weiter nach Santiago de Cuba.

Ich brauchte nach zwei Stunden eine Toilette und fragte danach. Während Jorge nur verwirrt guckte, hielt Ariel schon an einem der kleinen Häuser an der Landstraße und fragte eine alte Bewohnerin, die in ihrem Garten stand. Sie ließ mich hinein, entschuldigte sich, dass sie kein Wasser besaß (auch keinen Strom), schob einen zerrissenen Plastikvorhang zur Seite und wies mich auf eine Toilettenschüssel hin. Es sah alles unglaublich braun und verschmutzt aus, aber wie sollte das ohne Wasser auch anders sein? Ich war einfach nur dankbar – und sie freute sich dann auch über meine Gaben.

Nach ein paar Stunden machten wir in Bayama eine Mittagspause. Es liegt in der Provinz Granma, mitten zwischen zwei Nationalparks, dem Gran Parque National Sierra Maestra, Fidels Rebellenkommandoposten, und dem Parque National Desembarco del Granma, an dem Fidel angekommen war. Das ist jetzt ein UNESCO Kulturerbe, wie Jorge uns stolz erklärte.
Bayamo ist die zweitälteste Siedlung des Landes und der Geburtsort der cubanischen Nationalhymne.

Wir bewunderten auf dem Plaza de Céspedes den gleichnamigen Helden und gingen von dort zum Platz der Nationalhymne mit einer großen (geschlossenen) Kirche. Dort verabschiedeten wir uns für eine Stunde von Jorge, um da in Ruhe in der schön gelegenen La Bodega mit Blick auf den Rio Bayamo zu essen. Auf dem Weg zu unserem Treffpunkt hatten wir wieder Einblicke in die Wohnungen der Menschen. Es war äußerst bescheiden, was wir sahen. Wenn einer ein rostiges Fahrrad besaß, stand es mitten im Wohnraum als kostbarer Besitz. Die Fußböden bestanden meist aus blankem Beton, der auch noch nicht einmal eben war, also schwer zu fegen.

Dann fuhren wir weiter Richtung Santiago de Cuba. Nachdem wir lange bergauf und bergab auf holperigen Straßen unbequem geschüttelt wurden, fragte mein Mann, warum wir nicht die Autobahn benutzten. Leider hatte Jorge nicht darauf geachtet, sonst wären wir gleich etwas ruhiger und schneller voran gekommen. Gut, dass mein Mann immer Straßenkarten dabei hat...

Auch hier kamen uns Pferdewagen und Fußgänger entgegen, aber wir kamen trotzdem schneller voran.

Am Plaza Antonio Mazeo stiegen wir aus und erklommen den riesigen Sockel des Denkmals. Die Luft war brütend heiß, das hatten wir in unserem klimatisierten Auto gar nicht bemerkt.

Wir waren froh, als wir weiter fuhren!

Der nächste Stopp war an der Moncada Kaserne. Hier hatte Fidel Castro mit seiner Truppe Soldaten des Diktators Batista 1953 angegriffen und war geschlagen worden. Die Einschusslöcher in der Mauer der Kaserne zeugten heute noch davon. Nach Fidels späterem Sieg über Batista wurde die Kaserne bis jetzt als Schule und Museum genutzt.

Am Nachmittag erreichten wir unser Casa Hollandés, das schön zentral in der Nähe des Plaza Céspedes lag. Das war auch schon der Hauptgrund für dieses Haus. Das Zimmer war relativ groß, lag nach hinten, wie uns der freundliche Kellner versicherte, der uns das Zimmer zeigte. Dann wies er uns mit unverhohlenem Stolz auf die funktionierende Wasserspülung der Toilette (mit Deckel!) hin und erklärte die elektrische Dusche!! Die war abenteuerlich mit Drähten versehen, Hilfe! Da das Haus kein Warmwasser besaß, sollte die Dusche auf diese Weise erwärmt werden.

Nachdem wir zwei weitere Handtücher (hier bekommt man immer nur eines??) und ein Kissen mehr bekommen hatten, machten wir eine kurze Pause. Ich schaffte gerade eine kurze Dusche, als Strom und Wasser schon versiegten. Nein! Mein Mann konnte also gar nicht duschen.

Am späten Nachmittag führte Jorge uns zu Fuß durchs Zentrum und war diesmal gut vorbereitet!
Anschließend tranken wir Mochito im Gran Hotel, checkten unsere Mails und gingen zum vereinbarten Treffpunkt. Jorge und Ariel fuhren mit uns in ein sehr schönes Restaurant etwas weiter am Stadtrand. Während der Fahrt brach plötzlich ein tropischer Regen über uns aus, Ariel fuhr zwar auf den Bürgersteig direkt vor dem Lokal, aber die wenigen Treppenstufen in den ersten Stock durchnässten uns völlig. Jetzt weiß ich endlich, was ein tropischer Regenguss ist...
Das Restaurant hatte schöne bleiverglaste Fenster, eine sehr gute Bedienung und endlich auch ein gutes Essen. Abzüglich der frittierten Yamswurzeln, die hätten auch ohne Panade gut geschmeckt! (Wie schrieb mein Bruder auf meine Fotos hin? Wieso sehen die alle so fett aus?)
Stimmt zwar nicht ganz, fett ist übertrieben, aber schon sehr mollig. Das ist kein Wunder bei den ganzen frittierten Gemüsen.
Unsere Stimmung steigerte sich übrigens auch durch die Drinks, die hier sehr gut waren. Eine Stimmungsverbesserung unseres Reiseleiters konnte ja durchaus nicht schaden.

Im Casa Hollandés angekommen, sahen wir eine Plastikplane über meinem Bett liegen. Es hatte durchgeregnet. Was so alles passieren konnte.

Die Musik aus dem bekannten Casa Trova aus der Nähe hielt uns nur kurz vom Schlafen ab, aber zwischendurch lag ich wach und grübelte über die elektrische Dusche nach…Stromschlag beim Duschen auf Cuba?
Über meinem Bett hing ein Bild mit schneebedeckten Tannen, was mein Mann umwerfend komisch fand, weil uns in der feuchtwarmen Luft jedes Kleidungsstück am Körper klebte.

6.5.

Schock am Morgen: Mein Mann stand eingeseift unter der Dusche, als das Wasser plötzlich schon wieder versiegte. Aber glücklicherweise musste er nicht allzu lang darauf warten.

Unsere deutsch sprechende Bedienung in unserem Casa hatte auch lange in der DDR gelebt. Da sie sehr dunkelhäutig war, fragten wir uns mal wieder, woher die Fremdenfeindlichkeit in Ostdeutschland herrührt? Sie hatten doch lang vor uns viele Mitbewohner aus weit entfernten Ländern.
Das Frühstück hier war bei weitem das schlechteste auf unserer Reise. Brot, Honig (!), Tee, Kaffee, Obst, Omelett. Ich aß nur aus Verzweiflung dauernd ein Omelett, nach der Reise muss ich erstmal gänzlich auf Eier verzichten.

Im Gran Hotel warteten wir eine halbe Stunde auf unseren Fahrer, der uns mit dem Jeep in die Sierra Maestre hoch in die Berge bringen sollte.

Als er immer noch nicht kam und Jorge nichts über seinen Verbleib herausfinden konnte, gingen wir beide hinüber ins Museum und bekamen sofort eine spanische Führerin, die uns sehr langsam alles auf Spanisch erklärte, so dass wir sie verstehen konnten. Verstohlen bedeutete sie uns, dass wir ruhig fotografieren könnten. Den Wink hätten wir auch so verstanden, sie wollte natürlich ein gutes Trinkgeld. Ohne dies läuft hier nichts.

Auf dem Weg zurück wurden wir wieder sehr intensiv angebettelt, übrigens auch um Creme, Shampoo und Duschmittel. Daran sind natürlich die Touristen schuld, die ohne jede Gegenleistung etwas verteilen, das regt zum Betteln an. Dazu sollte man wissen, dass das Betteln hier auf Cuba verboten ist. Und die Polizisten sind im Zweifelsfall rabiat.

Jorge hatte inzwischen den Fahrer gefunden, den keine Schuld an seiner Verspätung traf. Er war gestern Abend hier auf dem Platz angegriffen worden, ein Mann wollte ihm sein Handy rauben. Er überwältigte ihn aber und konnte sein Handy wieder bekommen. Die Polizei, die inzwischen dazu gekommen war, nahm ihn aber auch fest. Alle seine Erklärungen halfen ihm nicht, auch nicht die Tatsache, dass er um halb neun am Morgen Touristen zu fahren hätte. Nur ein Bekannter bei der Polizei holte ihn am Morgen raus.

Der Fahrer sprach auch gut Englisch und wies uns unterwegs auf vieles hin. Als die Gebirgskette als schöne Silhouette erschien, bat ich um einen Stopp und fotografierte aus dem Fenster heraus. Hundert Meter weiter wurden wir von einem Kontrollposten angehalten, dem ich meine Fotos zeigen musste. Auf einem war winzig klein sein Unterstand zu sehen, das musste ich sofort löschen. Tja, so hatte er sein Dasein gerechtfertigt und uns gezeigt, wer hier das Sagen hatte. Jorge und der Fahrer blieben stumm. Wir wurden also auch beobachtet.

Wir fuhren an Zuckerrohr Plantagen vorbei, an Kühen, Eseln und Ziegen, die munter über die Straße liefen.

Unser Jeep schraubte sich atemberaubende Kurven hoch, bis wir einen herrlichen Garten erreichten, bekannt für die „Paradies- Orchidee", wo der nun schon bekannte Prozess mit Führerin, Trinkgeld, Kulis, etc. stattfand. Der Besuch hatte sich aber sehr gelohnt wegen der Vielfalt der Arten und des schönen Weitblicks. Die Luft war hier oben auch viel klarer und nicht so stickig.

Dann ging es weiter steil bergauf, wo auf dem Gebirgskamm ein riesiger Monolith ruht, der La Gran Piedra.

Anschließend besuchten wir die ehemalige Kaffeeplantage La Isabelica, von deren Resten man Kaffeemühlen, Werkzeuge der Sklaven und ihre Bestrafungsinstrumente aus Eisen sehen konnte. Unser Jeepfahrer bestritt hier die gesamte Führung in gutem Englisch. Ach, Jorge! Wozu haben wir eigentlich einen Reiseleiter gebucht? (Und bezahlt...)

Beim Ausgang hielt der Guide uns zurück und zeigte uns einen winzigen grünen Kolibri, der sekundenlang vor einer geöffneten Blüte schwirrte. Sein Gefieder glitzerte Smaragdgrün in der Sonne. Wir standen ganz still und versuchten nicht einmal, den zarten Vogel aufzunehmen. Das Bild würden wir im Herzen mit nach Hause nehmen.

Auf dem Rückweg trafen wir auf ein liegen gebliebenes Auto mit fünf Franzosen, die aber auch gar kein einziges Wort irgendeiner anderen Sprache sprechen konnten. Also übersetzte ich. Das Auto war absolut nicht für diese Steigung geeignet und qualmte unheilvoll vor sich hin. Unser Fahrer bestellte ihnen Ersatz und schüttelte danach nur den Kopf, einmal über den unsinnigen Versuch, mit so einem Wagen den steilen Weg hinauf fahren zu wollen, und zum anderen, dass sie sich so gar nicht verständigen konnten. Sie waren noch nicht einmal in der Lage gewesen, jemanden anzurufen.

Mittags aßen wir in unserem Casa in Santiago de Cuba, nicht wirklich zu empfehlen. Sehr viel fettig frittiertes.

Nachmittags fuhr Ariel uns zum Friedhof Santa Ifigenia. Hier fand am Grabmal von José Marti eine pompöse Wachablösung statt. Da war ich froh, dass hier kein ausländischer Jugendlicher dabei lachte, das wäre bestimmt schlecht angekommen. Wir sahen uns auch noch ausgesprochen prächtige Gräber an, u.a. das von Compay Segundo (Bueno Vista Social Club)

Das angekündigte Rummuseum fand Jorge leider nicht, und wir beendeten unsere Rundfahrt im Tivoli Viertel, das bunt und „malerisch" war und nichts mit dem gleichnamigen in Kopenhagen gemein hat. Französische Einwanderer aus Tahiti hatten dem Viertel im 18. Jh. seinen Namen gegeben. Von der Treppenstraße hatte man einen guten Ausblick über die Stadt.

Wir gingen wieder ins Casa Granda Hotel, tranken zwei Mochito, spielten Karten, und verwarfen jeden Plan, noch ein anderes Restaurant zu suchen, es war heute zu interessant hier! Wir bestellten eine Pizza, super, und beobachteten unsere Nachbarn...

Hinter uns saßen vier Dänen, die ob der günstigen Preise ganz aus dem Häuschen geraten waren und in schneller Folge jeder sechs verschiedene Drinks zu sich nahmen. Anschließend bestellten sie noch eine Flasche Sekt und waren zwar ausgelassen, aber blieben unter sich und störten die anderen Gäste nicht. Wir überlegten, wie die hohe Gesamtrechnung wohl auf die cubanische Bedienung wirken musste. (Das mussten sehr viele Monatsgehälter sein.)

Vor uns saßen zwei Holländer, die zwei hübsche Cubanerinnen abgeschleppt hatten, sie mit Essen und Drinks verwöhnt hatten und jetzt Mund zu Mund Atmung übten. Nach einer guten Stunde stand die eine auf, um zum Bad zu gehen und forderte die andere auf, sie zu begleiten.
„Wetten, dass...?", fragte ich meinen Mann, und tatsächlich – nach weiteren zehn Minuten sah der eine Holländer nach ihr und kam mit betrübter Miene zurück – die beiden Frauen hatten den französischen Abgang gewählt.

Wir gingen nach unten auf den Plaza de Céspedes und lauschten dem Stadtorchester. Es war total voll, und alles wiegte sich im Takt der Musik. Den Cubanern liegt die Musik wirklich im Blut, sie sehen absolut sexy beim Tanzen aus. Dabei spielt ihr Alter oder ihre Körperfülle überhaupt keine Rolle. Die Frauen tragen auch nur körperbetonte Kleidung, alles liegt hauteng am Körper, dabei sind die meisten ziemlich dick. Der Bauch, der in mehreren Rollen übereinander schwappt, wird aber nicht mit lockeren Kleidern verdeckt, sondern durch enge T Shirts noch betont. Dazu trägt Jung oder Alt Leggings, die jeden Po unvorteilhaft betonen, und bei der Verteilung der Hinterteile haben die meisten Frauen hier mehrfach: Ja! geschrien.

Der Platz leuchtete in verschiedenen Farben, bis um zehn Uhr abrupt Schluss war.
Anschließend schauten wir auf dem Rückweg ins Casa de Trova, wo traditionelle cubanische Musik gespielt wurde. Die wohl berühmteste Casa Santiago de Cubas! Auch hier war es rappelvoll, allerdings waren es meist Touristen. Die Musik war einfach mitreißend.

7.3.

Um halb neun ging's wieder los, Richtung Baracoa, entlang der Küste gen Osten. Wir überquerten die Sierra auf einer Passstraße. Am Straßenrand waren kaum noch Palmen zu sehen, sondern Agaven und Kakteen, die als hohe Zäune wuchsen und Bananenplantagen abgrenzten.

Von einem Aussichtspunkt zeigte man uns den US-Stützpunkt Guantanamo.

Dann ging's nördlich eine steile kurvige Bergstraße in atemberaubenden Serpentinen hinauf. Ich klammerte mich krampfhaft am Türgriff fest. Ariel war wie immer wagemutig aber konzentriert. Immer wieder versperrten Felsbrocken die halbe Straße, nur unzureichend durch Fähnchen gekennzeichnet. Nach fünf (!) schrecklichen Stunden war es vorbei.

Bei der Ankunft in Baracoa brachte Jorge uns schon wieder (das vierte Mal) in eine nicht vereinbarte Unterkunft und verkündete noch großartig, wir könnten zwischen zwei Häusern aussuchen. Alles andere sei ausgebucht...

Mein Mann wurde nun so wütend, dass er uns schleunigst zur richtigen Adresse bringen ließ. Zum Casa Colonial bei Gustavo und Yalina, das mein Mann wegen der ausnahmslos guten Bewertungen bei Tripadvisor ausgesucht hatte. Hier hatte man uns zwar nicht rückbestätigt, aber sie hatten unser Zimmer noch frei. Als ich auf dem Bett saß, bekam ich vor lauter Anstrengung einen Heulkrampf. Die freundliche Wirtin Yalina brachte mir Tee. Unser Zimmer war schön groß und luftig mit Fenstern zum Balkon.

Nachmittags waren wir auf einer Kakaoplantage, von der wir schwer begeistert waren. Da Jorge uns keinen Guide besorgt hatte, schlossen wir uns einer deutschen Gruppe an und erfuhren auf sehr lustige Weise alles über die Kakaopflanze und deren Verarbeitung.

Schritt für Schritt wurden wir von der ansehnlichen Frucht, über die Trocknung und Fermentierung der Kakaobohnen, zum fertigen Kakapulver geführt. Der Guide öffnete eine der geriffelten, ca. 20 cm langen Früchte, und ließ uns einen der weißen glitschigen Kerne in den Mund nehmen.

Sie schmeckten wie Litschis. Aus der weißen Masse machten sie Kakaolikör.

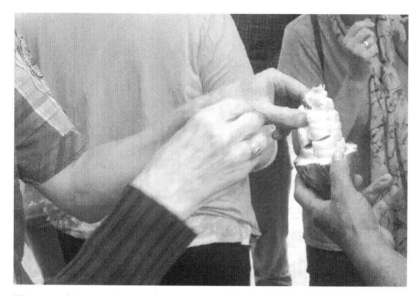

Die getrockneten Kerne knackten wir auf und probierten die braune Masse. Reiner Kakao.

Anschließend kneteten sie den Kakao zu einer großen schweren Kugel. So verkauften sie ihn hier. Diese Kugel kann man zu Pulver abraspeln und daraus Kakao kochen. Da konnten wir natürlich nicht widerstehen und kauften mehrere davon.

Wir kamen ins Gespräch mit der Gruppe und stellten fest, dass wir nicht die einzigen waren, die Schwierigkeiten mit der Durchführung ihrer Cubareise hatten. Einer meinte, dass Cuba so überbucht sei, dass sie jeden rekrutieren würden, der eine Fremdsprache auch nur annähernd spräche. Ihr Guide könnte leider nur unzureichend Deutsch und würde daher nur bruchstückweise übersetzen, aber immerhin kümmerte er sich jeden Morgen rechtzeitig um die Rückbestätigung für das nächste Hotel oder Casa Particular. Wir stellen fest, dass einige aus der Gruppe auch in unser Hotel Rio Paradisus de Oro fahren würden zum Badeurlaub in Guardalavaca und verabredeten uns dafür.

Unsere Wirtin zauberte am Abend ein so hervorragendes kreolisches Essen, wie es schon auf Tripadvisor angekündigt worden war. Wir waren beide sehr angetan von der Vielfalt und das zu einem äußerst günstigen Preis. Die cubanische Küche hatte uns bis jetzt nur wenig überrascht, vor allem der Reis, der meist mit Bohnen vermischt wird, hing uns buchstäblich zum Hals raus. Auch Yalina kochte eine Reisbeilage, aber mit Kräutern, Gewürzen und pikanten kleinen Gemüsestückchen, einfach umwerfend.

Anschließend bummelten wir durch den Ort, der nur eine „ordentliche" Hauptstraße hatte, deren Häuser nicht ganz so mitgenommen aussahen wie der Rest der kleinen Stadt. Am Meer gab es eine Promenade, allerdings mit vielen Stolpersteinen.
Baracoa wirkte ein bisschen „mittelalterlich" mit seinen vielen Pferdekutschen, Fahrrad Taxis und hölzernen Handkarren, oft sogar noch mit Holzrädern. Baracoa war lange Zeit nur auf dem Seeweg erreichbar gewesen, erst 1965 bekam es Anschluss an die restliche Insel, als Fidel die Passstraße La Farola fertig stellen ließ. Das Städtchen ist klein, hat aber lohnende Ziele in der Umgebung.

Abends kam ein Bekannter von Yalina zu uns, der sich als Naturwissenschaftler vorstellte, tadelloses Deutsch sprach, und uns die Flora und Fauna im Humboldtpark erklären wollte.
Jorge sagte uns aber, dass er im Humboldtpark einen Führer hätte, und er würde übersetzen...

8.3.

Heute morgen wurden wir durch langes Glockenläuten um halb sieben wach geklingelt, das wiederholte sich noch zweimal in kürzeren Abständen. Die üblichen Hähne hatten schon früher angefangen, aber daran waren wir inzwischen gewöhnt.

Nach einem wunderbaren Frühstück, das uns auf dem Balkon serviert wurde, wurden wir abgeholt, um zum Humboldt Park zu fahren. Der Humboldt Park umfasst 700 qkm mit fast 1000 Pflanzenarten. Der Weg dahin führte über eine unbefestigte Schotterstraße, die nach dem Regen sehr viele Löcher aufwies. Ariel fuhr ungewohnt langsam und vorsichtig, trotzdem stießen wir mit den Köpfen leicht mal ans Fenster während der eineinhalb Stunden, die diese Fahrt dauerte. Als wir ankamen, hatte das Gesundheitsamt die Cafeteria und die Toiletten wegen der schlechten hygienischen Zustände geschlossen – und das soll etwas heißen auf Cuba! Na toll, da blieb uns nur die Natur, um einem „natürlichen" Bedürfnis nachzukommen.

Unser Guide hieß Indio und erzählte munter drauf los. Leider war Jorge nicht besonders gesprächig heute, so dass wir selbst versuchten, das Spanische zu verstehen, was uns tatsächlich ganz gut gelang. Es war ein sehr feuchter warmer Morgen, und wir schwitzten schon nach kurzer Zeit ziemlich, während wir hinter Indio herliefen. Glücklicherweise blieb er dauernd stehen, um endemische Pflanzenarten zu erklären. Besonders war z.B. ein Baum mit halbherzförmigen Blättern, die er zum ganzen Herzen zusammen hielt und die auch für Liebespaare eine Bedeutung hatten. Ein Baum hatte lange Stacheln, die Indianer als Pfeile benutzt hatten u.v.m. Es gab Mandarinen- Mango- und seltsame Mandelbäume und Palmen, soweit man gucken konnte.

Vom 740m hohen Monte Iberia hatte man einen unbeschreiblichen Ausblick. Indio zeigte uns auch bunte gebänderte Polymita Schnecken, die Einheimische oft aufgefädelt als Ketten oder Armbänder verkauften. Da sie vom Aussterben bedroht sind, sollte man sie nicht kaufen.

Zum Schluss grub er, tief unter Blättern versteckt, noch den kleinsten Frosch der Welt aus, den Monte-Iberia Frosch, er war nur 9 mm lang. Ich sollte ihn auf die Hand nehmen, überließ es aber großzügig meinem Mann. (Ich fand den Frosch irgendwie unheimlich...)
Nach gut zwei Stunden war die Führung beendet, wir hatten die kürzere Variante gewählt, eigentlich konnte man auch fünf Stunden geführt werden, auf den steilen Wegen, die vom Regen des vorherigen Tages völlig aufgeweicht waren, keine ganz besondere Freude.

Wir hatten in unserem Reiseführer gelesen, dass man hier ein Boot mieten konnte und ließen uns anschließend noch zwei Stunden auf der Lagune Bahia de Taco rudern, die von Mangroven umwachsen war, deren Wurzeln gespenstisch aus dem Wasser ragten. Oft sahen sie wie riesige Krakenbeine aus. Hier könnte man sich gut einen Krimi vorstellen, dachte ich, als wir durch eine besonders dicht bewachsene enge Stelle fuhren. Es war ganz still, nur der Wellenschlag war zu hören, bis ein krächzender Vogelruf die Stille unterbrach. Der Ruderer kannte natürlich auch besonders schöne Stellen, zu denen er uns fuhr. An einer Mangrovenwurzel hielt er an, hob sie etwas an, und hielt uns plötzlich einen grün-gelb gepunkteten Krebs entgegen, der schnell die Wurzel wieder hoch klettern wollte.

Dann, etwas weiter, zeigte er uns an einer Felswand, an der ein üppiger Bewuchs von Bromelien und anderen Epiphyten war, ein winzig kleines Nest, das an Pflanzenfäden hing. Er bedeutete uns, ganz still zu sein, und wir standen vorsichtig in dem wackeligen Kahn auf und sahen einen brütenden Kolibri in dem Nest, den wir diesmal sogar fotografieren konnten! Nachdem er uns noch etliche andere Pflanzen und Tiere gezeigt hatte, fuhr er bis an die Meerenge, die die Lagune mit dem Meer verband. Hier sah man, wie gewaltig sich die Wellen an den Felsen brachen, dann ruderte er uns langsam wieder zurück. Das war wirklich wunderschön gewesen.

Am späten Nachmittag schlenderten wir wieder durch Bacaroa, tranken einen Kakao im House of Cocoa, der leider auch nicht besonders schmeckte und spielten Karten in einem Hotel am Meer, durch dessen offen stehende Fenster (ohne Scheiben) eine leichte erfrischende Brise wehte. Eigentlich wollten wir eine Kleinigkeit essen, da wir seit dem Frühstück nichts zu uns genommen hatten, aber hier war gerade alles „aus", Cuba eben. Also tranken wir zwei

Mochito, der mir auf nüchternen Magen gar nicht bekam, so dass ich über alles kicherte, selbst darüber, dass mein Mann dreimal hintereinander gewann.

Glücklicherweise hatte Yalina wieder ein wunderbares kreolisches Essen zubereitet, Tintenfisch und Schweinesteaks, ganz hervorragend und viel zu viel. Das war in meinem Fall aber nicht schlecht, mir war nicht mehr so schwindelig danach.

Daher beendeten wir den Abend im Casa de Trova, wo eine tolle Gruppe cubanische Musik machte. Besonders der Sänger fiel auf, seine Bewegungen hatten wieder diesen Sex-Appeal. Ganz sparsame Bewegungen, aber da kam definitiv etwas rüber! Bei Deutschen sieht das Tanzen oft so aus, als würden sie angestrengt Sportübungen machen. Aber hier - wenn ich nicht schon vergeben wäre...

Wir mussten auch jetzt wieder Drinks bestellen, die sie aber vergaßen, was mir eigentlich ganz lieb war.

Wir sendeten noch ein paar Bilder und Mails, eng zwischen andere gedrängt, auf einer der Bänke der Hauptstraße ab, in unmittelbarer Nähe des Etecsa Geschäfts, in dem alle ihre Telefonkarten kauften. Von der gegenüberliegenden Seite winkte uns Ariel fröhlich zu. Also war der Inhalt des Umschlags, den Mein Mann ihm nebst Feuerzeug und Kulis überreicht hatte, zu seiner Befriedigung ausgefallen. Er fuhr am nächsten Morgen die gesamte Strecke an der Südküste zurück nach Havanna und begleitete eine andere Zweiergruppe, während wir weiter nach Guardalavaca (= pass auf die Kuh auf!) fahren würden.

Nachts schlenderten wir, durch den leisen Wind gestreichelt, beschwingt zu unserem Casa zurück. Die Straßen waren leer, nur durch die immer geöffneten Haustüren konnte man in die Wohnzimmer sehen, auch hier überall der Fernseher an, die Bewohner saßen auf der Couch, meist Großfamilien, das Rad an die Couch gelehnt.

9.3.
Am frühen Morgen wurden wir mit dem Taxi abgeholt, das uns die landschaftlich reizvolle Strecke bis Moa fuhr. Leider war sie wieder furchtbar. So vorsichtig der Fahrer auch fuhr, es holperte und krachte und wir brauchten tatsächlich zwei Stunden für die ersten 60 km. Vorbei an Ochsenkarren, die ganze Familien transportierten, an Linienbussen, die wie Lastwagen aussahen und an Lastern, auf deren Tragflächen stehend Arbeiter befördert wurden. An deren Stelle wäre ich nun nicht gern gewesen.
Die weitere Fahrt ging etwas schneller, durch kleine pittoreske Dörfer hindurch. Malerisch eben, so etwas, das man interessiert von außen ansieht.

Nach fünf Stunden Fahrt wurden wir im Hotel Rio Paradisus de Oro gleich mit einem Glas Sekt empfangen, die Koffer schon in unsere Junior Suite gerollt, alles mit der Unauffälligkeit eines großen Hotels. Der Eingangsbereich war einladend, unsere Suite mit Terrasse geräumig, auf den ersten Blick alles schön.

Jorge wollte uns beim Einchecken eine mehrseitige Beurteilung seiner Arbeit unterjubeln, der Liebe! Das lehnten wir gleich ab, das wollten wir per Post senden. Nun wurde er unruhig und fing an, sich für verschiedenes zu entschuldigen. Da unterbrach mein Mann ihn sofort mit den Worten: „Sie sind ja ein freundlicher junger Mann und werden bestimmt auch mal ein guter Reiseleiter..."

Er drückte ihm einige Kugelschreiber und einen Umschlag mit Geld in die Hand. Es war das mehrfache Monatsgehalt des normalen Cubaners darin, wäre er besser gewesen, hätte er mehr erhalten. Wir hatten davon Abstand genommen, ihm gar kein Trinkgeld zu geben, er hatte schließlich auch Leistungen erbracht.

Ein Rundgang durch die Anlage zeigte schön gepflegte Plätze, einen eigenen Strand an der Costa Esmeralda, türkis schimmerndes Meer und weiter draußen ahnte man das Korallenriff, an dem wir schnorcheln wollten. Wir hatten alles an Ausrüstung dafür dafür mitgebracht.

Das Speisenangebot schien gut, es gab mehrere Spezialitäten Restaurants, in denen sich jeder Gast nur einmal in der Woche anmelden durfte. Das cubanische schied sofort aus, blieben noch das japanische, französische und das mediterrane übrig. Ansonsten gab es verschiedene Büfetts und kleinere Restaurants.

Abends beim Anstehen bei der Crêpes Zubereitung, kam mein Mann mit einer Kanadierin aus Quebec ins Gespräch, die sich als erstes entschuldigte: ich kann nicht fließend Englisch!

Mein Mann: ich auch nicht...

Sie erzählte, dass sie und ihr Mann häufiger hierhin flogen (3 ½ Std) und jetzt befürchteten, die Amerikaner würden zukünftig die Preise hoch treiben.

Verständlich, die Amerikaner geben schließlich immer mindestens 20% Trinkgeld.

Allerdings bemerkten wir, dass auch die Kanadier bei jedem einzeln gereichten Kaffee schon einen CUC Trinkgeld gaben. Viele von ihnen besuchten übrigens immer wieder nur dieses eine Hotel und blieben auch die gesamte Zeit hier, ohne jemals den Rest der Insel zu besuchen.

Von hinten winkte unsere deutsche Bekannte, die mit ihrem Bus auch endlich eingetroffen war. Wir verabredeten uns zum Erfahrungsaustausch.

Wenn ich noch gehofft hatte, hier morgens mehrere Teesorten zu finden, wurde ich leider enttäuscht, es gab aber immerhin einen schwarzen cubanischen. Schmeckte nicht besonders, wie gut, dass wir noch ausreichend vorgesorgt hatten.

Wir trafen im Hotel und später auf dem Flughafen recht viele aufgebrachte Reisende, die ihre Cubatour als Gruppenreise bei großen deutschen Reiseveranstaltern gebucht hatten, und die nun ausnahmslos enttäuscht nach Hause fahren mussten, weil sie kaum etwas erlebt hatten und ihre Unterkünfte andere als die gebuchten waren. Sie hatten Reiseleiter, die kaum Deutsch und noch weniger Englisch sprachen und über die sehenswerten Seiten Cubas nichts erzählen konnten. Wie schade und welch verlorene Zeit. Sie hielten ihre Reisebeschreibungen nicht ein, besuchten weder Tabakplantagen noch Rumfabriken und konnten auch Land und Leute nicht nahebringen. Außerdem wurde ihnen frech geraten, sich bei ihren Reiseveranstaltern zu beschweren und Geld zurück zu verlangen – wie uns übrigens auch geraten wurde. Wo ist der Sinn so einer Reise? Wer möchte nicht lieber auf eine gelungene Urlaubsfahrt zurück blicken!

Alles in allem:
Unsere Cuba Reise war eine interessante Erfahrung, die wir so nicht gemacht hätten, wenn wir nur hierher zum Badeurlaub geflogen wären. Das hätte sich auch wirklich nicht gelohnt, da gibt es andere Ziele, an denen Preis und Leistung übereinstimmen.
So hatten wir jedenfalls einen kleinen Einblick in das Leben einiger Cubaner gewonnen, die sich mühen, in einem sozialistischen Staat, der gerade eine gewisse Öffnung zeigt, die Balance zwischen eigenen Geschäften und ihrem Land zu finden – mit Fantasie, Lebensfreude und einer oft überschäumenden Fröhlichkeit. Die vielen netten Begegnungen, das freundliche Lächeln und den Lebensmut werden wir nie vergessen.

P.S. Leute! Wenn ihr jetzt lang nichts mehr von uns hört: HOLT UNS HIER RAUS!

Jorges Bewertungsbrief müsste zeitgleich mit unserer Abreise in Havanna eintreffen. Er ist in der CDR, und die ist überall... Es dürfte doch ein Leichtes sein, uns so ein braunes festes Päckchen oder eines mit weißem Pulver in unseren Koffer oder unsere Taschen zu schmuggeln. Ich bin wirklich abenteuerlustig, aber so ein cubanisches Gefängnis würde meine Grenzen der Belastbarkeit nun doch überschreiten. Außerdem, wahrscheinlich würden sie meinen Mann und mich nicht in die gleiche Zelle stecken, und das wäre nun wirklich die HÖHE!

(Der Name des Reiseleiters ist geändert.)

Printed in Great Britain
by Amazon